glaubte man sein Werk berühren zu dürfen, und als lästerlicher Frevel wurde es betrachtet, wenn einer oder der andere sich erkühnte, etwas an ihm auszustellen. Welche Vorwürfe hat nicht Asinius Pollio sich gefallen lassen müssen, daß er sich unterstanden, dem Livius Patavinität [1]) vorzuwerfen, so wenig man auch weiß, was derselbe mit diesem Ausdrucke gemeint hat. Dennoch sind im Ablaufe des letzten Jahrhunderts zahlreiche Schriftsteller [2]) aufgetreten, die mit allmählig wachsender Kühnheit seine Geschichte der Critik unterworfen haben, und es ist in derselben von ihnen so vieles zu leicht befunden worden, daß fast Gefahr ist, es mögte in der Folge noch jemand so weit gehen, dem Livius alle historische Glaubwürdigkeit abzusprechen, und ihm allenfalls nur das Interesse, welches ein historischer Roman gewährt, übrig zu lassen. Darum ist es lobenswerth, wenn gelehrte Männer [3]) wieder anfangen, zu zeigen, daß des Livius Werk noch immer das alte ist, und daß, wenn gleich zahlreiche Irrthümer und Mängel in demselben durch den Fortschritt einer höheren Critik entdeckt worden sind, die Vortrefflichkeit der Arbeit dadurch doch kaum geschmälert wird; und von besonderem Werthe ist es gewiß gerade jetzt, daß jene große, mit allem critischen Apparate ausgerüstete Ausgabe des Livius, die fast unzugänglich geworden war, wieder ins Leben gerufen wird, [4]) und eine andere versprochen ist, von der wir noch ein Mehreres zu erwerben alle Ursache haben. [5]) Gerade jetzt müssen wir den Livius eifriger lesen, da wir jetzt besser wissen, was wir an ihm haben, und durch Anerkennung seiner Mängel sein wahrer und eigentlicher Werth in desto hellerem Lichte erscheint; Ueberschätzung und Vergötterung aber können nur blind machen.

Darum wird es hoffentlich keinem als Abgunst oder Splitterrichterei erscheinen, wenn hier dennoch der Versuch gemacht wird, eine bedeutende historische

---

1) Fab. Quinctilianus. inst. orat. VIII. 1.

2) Vico, Beaufort, Levesque, Niebuhr, A. W. Schlegel, De Luc ꝛc.

3) Wachsmuth, ältere Geschichte des Röm. Staats. S. 37—43.

4) Die Drakenborchsche Ausgabe des Livius, welche in Stuttgard wieder besorgt wird.

5) Von G. L. Walch.

Untreue oder Nachläſſigkeit des Livius ins Licht zu ſeßen, oder zu rügen. Denn wenn gleich dem Livius ſein Anſehn und ſeine Bewunderung bleiben muß, und durch alle Einreden der Neueren doch die lactea ubertas, die mira in narrando jucunditas, clarissimus candor, in concionibus supra quam enarrari potest eloquentia, und überhaupt eine Darſtellung, in welcher omnia cum rebus tum personis sunt accommodata, was Quinctilianus [1] an ihm rühmt, ihm nicht geraubt wird, ſo kommt es doch bei Ausmittelung hiſtoriſcher Thatſachen nach, eben jenem Quinctilian weniger auf die species expositionis, als auf die fides an, und es iſt öfter die Wahrheit nicht ſowohl bei den hiſtoriſchen Künſtlern, als bei kunſt- und geſchmackloſen, nüchternen und dürftigen Scribenten zu ſuchen. Bisher iſt nur die erſte Decade des Livius in dieſer Rückſicht einer Prüfung unterworfen worden, und es iſt wohl an der Zeit, auch die dritte, vierte und halbe fünfte einer ähnlichen Critik zu übergeben, deren dieſe Bücher faſt noch mehr bedürfen, als die erſten. De Luc, in ſeiner Schrift über den Zug Hannibals über die Alpen, [2] hat zwar durch Zuſammenſtellung mit Polybius ſchon ſchwere Vorwürfe auf den Livius gebracht. Auch hat früher ſchon Heeren in ſeinen Ideen [3] gewarnt, in Bezug auf die Verhältniſſe zwiſchen Rom und Carthago, nicht dem Livius, als einziger Quelle, zu folgen; doch mögte dies erſt ein geringer Anfang nur ſeyn, und die Geſchichte des ganzen zweiten Puniſchen Krieges würde bei ſorgfältigerer Unterſuchung eine ganz andere Geſtalt vielleicht gewinnen, ſo wie auch in den ſpäteren glanzvollen Kriegen ein bewaffnetes Auge leicht wohl mehr als ein 29ſtes Bulletin noch entdecken könnte.

Hier ſoll gegenwärtig nur eine kleine Stelle im 30ſten Buche des Livius geprüft, und aus dem Livius ſelbſt, wie aus andern Schriftſtellern erwieſen werden, daß Livius die Ereigniſſe des ganzen letzten Jahres des zweiten Puniſchen Krie-

---

[1] Institutio orat. X. 1. seq.

[2] Histoire du passage des Alpes par Hannibal etc. par J. A. De Luc. Geneve et Paris 1818.

[3] Heeren Ideen über die Politik ꝛc. II. 1. p. 206 der Wiener Ausgabe. nota 1.

nicht die Landung bei Leptis und bei Abrumetum für eine und dieselbe annehmen, indem die verschiedenen Jahre, in welche diese Landungen gesetzt werden, entgegenstehen.

Livius begeht hier also offenbar einen Fehler, entweder in der Thatsache, oder in der Chronologie, oder in beiden. Daß aber dieser Fehler aufgedeckt und es ausgemittelt werde, wo derselbe zu suchen oder zu finden sey, ist um so wichtiger, als dieser Fehler des Livius in alle neuere Bearbeitungen der Römischen oder Carthagischen Geschichte übergegangen ist. Denn da vom Polybius, den man allenfalls noch gelesen, nur Bruchstücke über diesen Krieg in Africa vorhanden sind, und man auf den Appian, Zonaras und andere nur wenig Rücksicht bisher genommen hat, so ist man dem Livius allein gefolgt, und in allen unsern Handbüchern findet sich der Irrthum wieder; Hannibal landet in Africa, läßt seinen Kriegern zur Erholung nur wenige Rasttage, zieht in Eilmärschen Carthago zu Hülfe, trifft auf den Scipio bey Zama, schlägt mit ihm und wird überwunden; alles als ein Ereigniß weniger Tage dargestellt. [1]

Diese Darstellung des Kampfes aber, den Hannibal in Africa mit Scipio geführt hat, verstößt zuvörderst gegen alle Möglichkeit und Wahrscheinlichkeit. Freilich für den Ruhm des Römischen Helden war besser gesorgt, wenn er den gewaltigen Hannibal gleich bey seinem ersten Auftreten in Africa, wenige Tage nach seiner Landung niederschlug. Auch für die Composition eines historischen Epos war vom Dichter besser gesorgt, und des Carthagischen Helden Ausgang wird viel tragischer, wenn er, nachdem er einmal vom Italischen Boden, an den er 16 Jahre sich geklammert, weggerissen worden, schnell und mit einmal seinem und Carthago's Geschicke erlag. Hannibal kann nicht anders als in Italien gegen die Römer fechtend gedacht werden, nur dort bewegte er sich in seinem Elemente, und dem Dichter müßten wir es Dank wissen, wenn er uns das allmählige Hinschwinden und Absterben einer Heldengestalt vor unsern Augen ersparen wollte. Aber was wir an einem

---

1) Wachsmuth ältere Gesch. des R. Staates S. 41, Not. 43 hat, so viel wir wissen, zuerst auf diese Lücke in des Livius Erzählung öffentlich aufmerksam gemacht: „So fragt man vergebens nach Hannibals Thätigkeit zwischen dem 16ten und 17ten Kriegsjahre, von seiner Ankunft in Leptis bis zu der in Abrumetum."

Silius etwa loben würden, das können wir dem Annalisten Livius nicht gestatten, und es ihm nicht verzeihen, wenn er Widersprüche häufend und auf Kosten der Wahrheit, die das Höchste ist, einen Schmuck suchte, der doch sehr außerwesentlich war. Das Leben ist an und für sich schon ernst genug, und, in welchen Formen man es auffasse, wenn's auch nackt und baar gezeigt wird, so voll tragischen Effectes, daß man wahrlich, wo man auf historischem Boden steht, um Eindruck zu machen, des theatralischen Schaugepränges nicht bedarf. — Um so auffallender aber ist es, wenn Livius dem Hannibal bey Zama ein Heer giebt, so groß, als er es nie, wenigstens in Italien nicht, gehabt hat; ungeachtet er so wenige Tage vorher erst in Africa gelandet ist. 80 Elephanten, die Hannibal bey Zama vor der Fronte seines Heeres aufstellte, mußten doch erst gejagt und gezähmt werden, denn aus Italien brachte er wahrscheinlich gar keine mit, und mit Carthago und Carthagischen Heeren läßt Livius den Hannibal in keine nähere Berührung kommen. Hannibals zweites Treffen bey Zama [*]) bestand, bis auf 4000 Macedonier, ganz aus Carthagern; woher diese, wenn er nach seiner Ankunft in Africa gar nicht in die Nähe Carthago's und in Verbindung mit Carthago kam? Auch hat er so bedeutende Hülfsvölker, Ligurer, Gallier, Balearen, Mauren, Numidier, sogar eine Macedonische Phalanx; woher das alles, wenn er nach seiner Ankunft in Africa nur wenige Tage zu Adrumetum blieb, in Eilmärschen nach Zama zog, und dort die Schlacht lieferte? Folard in seinen Anmerkungen zum Polybius beweiset aus inneren Gründen, daß Hannibal in der Schlacht wenigstens 50,000 Mann gehabt habe. Dasselbe ergiebt sich auch aus Livius, welcher erzählt, in der Schlacht seyen von Hannibals Heer gefallen supra millia viginti, und gefangen par ferme numerus. Das waren also schon 40,000 Mann, und es werden doch in den Schlachten nicht alle getödtet oder gefangen; also mag man der Flüchtigen oder Zersprengten (aus welchen Hannibal nach Cornelius Nepos [2]) bald wieder idoneum exercitum bildete) auch wohl 10,000 bis 20,000 annehmen müssen. Also hatte er ein Heer von 50,000 bis 60,000 Mann. Ein solches hätte Hannibal aber aus Italien nicht mitgebracht, woher er ja nicht einmal sein ganzes dortiges Heer, so sehr es auch zusammengeschmolzen war, mitführte. Es scheint demnach nothwendig, anzunehmen, daß zwischen Hannibals Landung in Africa und der Schlacht bey Zama ein längerer Zeitraum, als der weniger Tage, verflossen sey.

---

1) Liv. XXX. 33.

2) Cornel. Nepos Hannibal. Cap. 6. fin.

Aber auch wie lang der zwischen Hannibals Landung und der Schlacht bey Zama verstrichene Zeitraum gewesen sey, läßt sich selbst aus dem Livius mit ziemlicher Genauigkeit bestimmen, indem sowohl die Zeit, wann Hannibal nach Africa gekommen ist, als auch die Zeit der Schlacht gewiß ausgemittelt werden kann. Nämlich was den ersten Punct betrifft, so erzählt Livius selbst, daß, als Hannibal, nach Africa zurückgerufen, Italien verließ, der Consul En. Servilius, der einige Zeit vorher mit ihm bey Croton geschlagen hatte [1]), ihn verfolgen wollte und deshalb nach Sicilien übersetzte [2]). Doch hätten die Römer den P. Sulpitius Galba zum Dictator erwählen lassen, damit dieser dem Servilius zurückzugehen beföhle. Dieses sey geschehen, und der Dictator Sulpitius habe den Rest des Jahrs damit hingebracht, daß er mit seinem Magister equitum, M. Servilius, in Italien umhergezogen sey, um die Städte, welche von den Römern zum Hannibal abgefallen waren, zur Rechenschaft zu ziehen, und ihre größere oder geringere Schuld bey'm Abfall zu untersuchen. Da dieses Geschäft aber gewiß nicht wenig Zeit wegnahm, und der Dictator wahrscheinlich auch noch (Livius läßt es unausgemacht [3]) die Comitien für das Wahl neuer Consuln hielt: so muß die Amtsführung des Dictators doch gewiß mehrere Monate des Jahres 551 umfaßt haben, und es geht daraus hervor, daß Hannibal schon zu Anfang des Herbstes 551 Italien geräumt hat. Auch erzählt Livius, daß an Einem Tage nach Rom die Nachricht sowohl von Hannibals Abfahrt aus dem Lande der Bruttier, als auch von der Räumung Liguriens durch Mago, gekommen wäre. [4]) Mago aber fiel nach Livius bey Sardinien dem Proprätor E. Octavius in die Hände [5]), und eben dieser litt später, als er von Sicilien nach Africa den Römern Proviant zuführte, an der Carthagischen Küste Schiffbruch, und verlor seine Schiffe, indem die treulosen Carthager, den Waffenstillstand nicht achtend, die leichte Beute in Empfang nahmen. [6]) Weil der Waffenstillstand aber überhaupt nur auf 45 Tage geschlossen war [7]), so müssen Mago und Hannibal noch vor Abschließung desselben abgesegelt seyn, was den Zeitpunkt ihrer Entfernung noch weiter in

1) Liv. XXX. 19. fin.
2) Liv. XXX. 24. init.
3) Liv. XXX. 26. fin.
4) Liv. XXX. 21. init.
5) Liv. XXX. 19. — XXX. 2.
6) Liv. XXX. 24. med.
7) Eutropius III. 12.

die Mitte des Jahres 551 zurücksetzen würde. [1]) Wenn nun gleich in der Chronologie dieser Zeiten oft Dunkelheiten dadurch entstehen, daß die Schriftsteller das natürliche Jahr verwechseln mit dem consularischen Jahre, das mit dem 15. März anfing, außerdem auch das bürgerliche Jahr um fast zwey Monate dem natürlichen voraus geeilt war: so ist bey allem dem doch ausgemacht, daß Hannibals Abreise aus Italien noch in den Herbst 551 fällt, und somit, da er sich nirgends unterwegs aufgehalten, auch seine Landung in Africa.

Was zum andern die Zeit der Schlacht bey Zama betrifft, so fällt diese nach Livius in das folgende Jahr 552, als Ti. Claudius Nero und M. Servilius Consuln waren, und zwar in das Ende dieses Jahres. Denn 1) erzählt Livius [2]), daß Scipio den Vermina zu Anfang der Saturnalien (primis Saturnalibus) angegriffen und geschlagen habe, also in der Mitte des Decembers (oder nach Reduction auf das wahre Sonnenjahr etwa Mitte Octobers). Da dieses Treffen aber, wie Livius sagt [3]), nur wenige Tage nach der Schlacht bey Zama vorfiel: so ist diese also etwa in den Anfang des Decembers (nach damaliger Rechnung) zu setzen. 2) kam die Nachricht von dem Siege bey Zama und der Niederlage des Vermina zu gleicher Zeit nach Rom. [4]) 3) beeilte Scipio, wie er selbst gesagt haben soll, deshalb den Frieden so sehr, damit der neue Consul Cn. Cornelius Lentulus (A. U. 553.) ihm nicht den Ruhm der Beendigung des Krieges vorwegnehmen mögte. [5]) Endlich 4) erhielt der Consul des Jahrs 552, Tiberius Nero, den Auftrag, eine Flotte zu rüsten, und mit dieser ehestens nach Sicilien und von dort nach Africa zu segeln [6]), weil man für den Scipio den nun Hannibal gegenüberstand, fürchtete. Nero aber betrieb die Rüstung seiner Flotte saumselig, oder wurde auch vom Senate nicht gehörig

---

1) Nach Zonaras IX. 14. ist es aber wahrscheinlicher, daß Mago erst bey seiner zweiten Rückkehr, aus Ligurien sein Ende durch eine bey Sardinien stehende Flotte fand, indem bestimmt gesagt wird, daß er nach seiner ersten Rückkehr noch einmal nach Ligurien gesandt worden sey. Noch andere Nachrichten über diesen Mago hat Corn. Nepos (Hannib. 8.), der sich auch schon darüber beklagt, daß es so widersprechende Berichte über sein Ende gebe. Orosius (IV. 17.) und Eutropius III. 9. lassen ihn, durch Verwechselung, bey Carthago nova gefangen werden. Polybius und Appian schweigen von seinem Ende.

2) Liv. XXX. 36.

3) Liv. l. c.

4) Liv. XXX. 40.

5) Liv. XXX. 36. fin.

6) Liv. XXX. 27 et 39.

nterſtützt, in welchem Scipio's Anhang vorherrſchte. Als er endlich aufbrach, kamen Stürme, welche ihn nicht nach Africa gelangen ließen, und darüber verſtrich das Jahr. Wozu aber ſolche Anſtrengungen bis zum Winter, wenn der Krieg ſchon im Sommer oder Frühjahre beendigt geweſen wäre? — So ergiebt ſich alſo aus inneren Gründen ſowohl, als aus den Zeugniſſen des Livius ſelbſt (auf welche wir uns abſichtlich hier beſchränkt haben [1]), daß zwiſchen Hannibals Landung in Africa und der Schlacht bey Zama ein Zeitraum von wenigſtens einem Jahre, oder noch darüber, verſtrichen iſt. —

Daß aber ein ſolcher Zeitraum ganz thatenlos und ſtillſchweigend ſollte verſtrichen ſeyn, iſt gar nicht denkbar. Einer ſolchen Annahme widerſpricht die Lage Carthago's, wo alles in Noth, Gedränge und Gährung war; ferner, und ganz beſonders, Scipio's und Hannibals Character und Eigenthümlichkeit. Auch ſehen wir ja den Hannibal zuletzt bey'm entſcheidenden Schlage ſo gerüſtet und ſtark, daß ſchon deshalb bedeutende Ereigniſſe vorauszuſetzen ſind; und da im Vergleich mit ihm Scipio ſo ſchwach erſcheint, ſo iſt zu glauben, daß Hannibal, wenigſtens eine Zeitlang, ſich im Glücke befunden. Bedeutend iſt vor allem, daß Scipio, ungeachtet der Ueberwindung des Syphax, ſo geringe Unterſtützung von den Numidiern erhält, indem Maſiniſſa nur mit 10,000 Mann auf ſein dringendes Bitten ihm zu Hülfe kommt [2]), während Hannibal zahlreiche Numidiſche Hülfsſchaaren bey ſeinem Heere hat, und Vermina (des Syphax Sohn) im Bunde mit Hannibal mit einem Heere von wenigſtens 20,000 Mann den Krieg gegen die Römer führt. Es müſſen alſo, einmal in Numidien, ſeit Hannibals Auftreten in Africa, große Veränderungen, und zwar zu Gunſten der Carthagiſchen Waffen, vorgegangen ſeyn. Wie könnte ſonſt auch Livius ſelbſt, nachdem er von Scipio's Rede an ſeine Krieger vor der Schlacht von Zama geſprochen, hinzuſetzen: nullum Romanis effugium patebat in aliena ignotaque terra [3]), wenn Maſiniſſa im ruhigen Beſitze von ganz Numidien ſich befand? Wir haben alſo Grund

---

1) Tag und Stunde der Schlacht bey Zama laſſen ſich übrigens aufs genaueſte ausmitteln. Zonaras IX. 14 c. erwähnt eine Sonnenfinſterniß, welche während der Schlacht ſich ereignet und die Carthager vorzüglich muthlos gemacht habe. Auch Liv. XXX. 38. erzählt bey Gelegenheit der prodigia des Jahrs 552 Cumis solis orbis minui visus. — Nach der Berechnung des Franz. Mathematikers Bouilleau (vide: Ismaelis Bullialdi ep. ad I. F. Gronovium in calce tomi III. Livii Gronoviani Basil. 1740) trat dieſe Sonnenfinſterniß am 19. October Morgens 10 Uhr ein, und dieſes iſt folglich das Datum der Schlacht. —

2) Liv. XXX. 29. Polyb. XV. 4.

3) Liv. XXX. 32.

genug zu schließen, daß Livius, sey es nun mit Absicht, oder aus Uebereilung, oder Un=
gründlichkeit, oder Unkunde, uns eine Reihe von Ereigniffen, die ein ganzes Jahr ausfüllen,
verschwiegen habe, und wir müssen uns anderswo umsehen, um die von ihm gelassene
Lücke zu ergänzen.

Der erste, der wohl Ansprüche machen könnte, daß man zu ihm, als zu einer
Quelle, komme, um lautere historische Wahrheit zu schöpfen, ist ohne Zweifel Polybius.
Schade nur; daß seine Geschichte des Krieges in Africa nicht anders als im Auszuge auf
uns gekommen ist, indem das 14te Buch, Cap. 1 bis 10, nur die Geschichte von der Un=
terhandlung mit Syphax und der Verbrennung der Läger bis auf die Eroberung von Tunis
und die Zurückberufung des Hannibal, also die Ereigniffe des Winters und Frühlings 551,
enthält, das 15te Buch aber, ohne Hannibals Rückkehr zu melden, mit dem Bruche des
Waffenstillstandes beginnt, und dann sogleich die Schlacht bey Zama mit Ausführlichkeit
behandelt. Doch sind dieß alles Fragmente der eigentlichen Geschichte, welche von späterer
Hand zusammengefügt sind, und daß im 3ten Cap. vor den Worten: κατὰ δὲ τὸν καιρὸν
τοῦτον etc. eine Lücke in der Erzählung sey, hat, wie Schweighäuser bemerkt [1], schon
ein vetus interpres germanicus gefühlt, so wie auch Reiske gemeint hat, daß zwischen
dem 3ten und 4ten Cap. vieles ausgefallen zu seyn und zu fehlen scheine [2]. Wenigstens
berichtet uns doch Polybius, daß Hannibal an den Tychaeus, einen Fürsten der Numidier,
einen Verwandten des Syphax geschickt und von ihm 2000 Reiter erhalten habe [3], welches
der Erzählung des Livius von dem schnellen Aufbruche des Hannibal von Adrumetum schon
einigermaßen widerspricht.

Da uns aber Polybius, sonst haudquaquam spernendus auctor [4], hier ver=
läßt: so müssen wir zu anderen Quellen unsere Zuflucht nehmen, die reichlicher fließen, als
Polybius. Zunächst finden wir im Appianus von Alexandrien eine weitläuftige und
ausführliche Geschichte dieses Krieges, und auch Ereigniffe genug aufgezeichnet, die das
Jahr füllen, welches Livius mit Stillschweigen übergeht. Aber in demselben Maaße, als
wir hier reichlichen Vorrath finden, werden sich auch Einwendungen darbieten gegen Ap=

1) Polybius Schweigh. Tom. VII. p. 184.
2) Polyb. Schw. l. c.
3) Polyb. XV. 3.
4) Liv. XXX. 45.

pian's Autorität, indem dieser Schriftsteller fast allgemein und von jeher eben so tief unter seinen Werth herabgestellt, als Livius über seinen Werth geschätzt worden ist. Schon seit Wiederherstellung der Wissenschaften sind die Stimmen über die Brauchbarkeit der Geschichte Appian's sehr getheilt gewesen; nur Wenige haben günstig über sie geurtheilt; ja, was das Schlimmste, und die drückendste Verachtung ist: Appian ist fast ganz vergessen gewesen, hat meistens nur in schlechten Uebersetzungen existirt, und nur selten haben Gelehrte von vorzüglichem Verdienst ihn zu ediren die Mühe sich gegeben. Schweighäuser sogar fürchtet sich, den Appian als Schriftsteller zu empfehlen, damit es nicht scheine, als ob er ihn nur rühme, weil er Mühe mit ihm gehabt [1]); obschon er an einer anderen Stelle [2]) ihn einen Scriptor nennt, ex cujus ceteris scriptis omnibus (nämlich die unechte Parthische Geschichte ausgenommen) quamquam non ab omni humana labe liberis, tamen antiquus quidam candor, cum summa gravitate nobilis simplicitas, eruditio nec fucata nec ullo modo adfectata, denique mira moderatio, subactum usu rerum judicium et prudentia haud vulgaris elucent. — Zuletzt hat, so viel wir wissen, Niebuhr [3]) ein mitleidsloses Urtheil über diesen Schriftsteller ausgesprochen, welches bey vielen Verehrern dieses großen Gelehrten allerdings das vielleicht zu hohe Lob Appians bey Johannes v. Müller [4]) umgestoßen, und den Appian unwiderruflich der Verdammung übergeben hat. Doch scheint es der Billigkeit nicht unangemessen, zwischen Ueberschätzung und gänzlicher Verwerfung eine Mittelstraße einzuschlagen, ohnehin da Gründe genug vorhanden sind, selbst eine theilweise Bewunderung dem Appian nicht zu versagen. Denn wenn es allgemein anerkannt wird, daß Appian's Geschichte der bürgerlichen Kriege in Rom den entschiedensten Werth hat, warum den ganzen Schriftsteller verwerfen? und warum nicht lieber über

---

1) Appianus Schweigh. praef. tom I. p. 2.

2) App. Schw. III. p. 909.

3) Niebuhr Röm. Gesch. II. p. 323. Seine Worte sind: „Appian ist ein Schriftsteller von „sehr schlechtem Gehalt, geistlos, unwissend und flüchtig, auf den man, weil die meisten Ab„weichungen seiner Erzählung nur aus dessen Fehlern entstanden sind, im Allgemeinen vor dem „Zeitpunkt, da Polybius Geschichte anhebt, nur dann Rücksicht nehmen muß, wenn der Man„gel uns treibt, Wurzeln und Kräuter gegen den Hunger zu sammeln." —

4) Joh. v. Müller Briefe an seine Brüder aus Wien 1796: „Mit größtem Interesse las ich den Geschichtschreiber Appianus; er ist ein Mann voll Verstand, sehr billig und moralisch; anspruchlos geschrieben, ungemein unterrichtend für die Beurtheilung der Männer der alten Zeit; er war eine meiner Hauptlectüren, die ich in der Historie gethan."

den Gehalt seiner übrigen Bücher eine gründliche Untersuchung anstellen, als sie ungehört verdammen? Diese Untersuchung wollen wir nun freilich anderen und gelehrteren Freunden des Appian überlassen; indessen wollen wir hier doch vorläufig auf einige allgemeine Gesichtspuncte aufmerksam machen, von denen, nach unserer Ueberzeugung, eine Prüfung dieses Schriftstellers ausgehen muß. —

1) Appian ist kein historischer Künstler, wie Livius, sondern ihm genügt es, schlichtweg und ohne besonderen Werth auf die Form zu legen, die Thatsachen der Geschichte so genau zu erzählen, als er sie nur erfahren hat. Seinen Plan und seine Absicht spricht er selbst im Eingange seiner Geschichte, Cap. 12, deutlich genug aus. Er entbehrte nämlich in früheren Bearbeitungen der Römischen Geschichte eine genaue Uebersicht dessen, was in jedem Lande und in jeder Provinz besonders geschehen sey, und deshalb zerstückelte er die Geschichte, um eine solche Uebersicht, wie er selbst sie wünschte, und sie auch andern willkommen seyn könnte, zu geben. Indem er aber so von Provinz zu Provinz fortgeht, zerreißt er natürlich den Zusammenhang des Ganzen; wie denn auch der zweite Punische Krieg dadurch in vier Büchern zerstreuet zu suchen ist, in der Sicilischen, Iberischen, Libyschen Geschichte, und dem Buche vom Hannibalischen Kriege, welches die Ereignisse in Italien enthält. Eine solche Anordnung setzt aber nur sehr geringe Begriffe von historischer Kunst voraus, und beweiset hinlänglich, daß es dem Verfasser nur um die Thatsachen zu thun gewesen sey, und daß er diese auch nur nach ihrem räumlichen Zusammenhange, nicht nach ihrem inneren Nexus habe auffassen, begreifen und combiniren wollen. Zwar begegnet ihm auch wohl mitunter etwas Menschliches, nämlich, daß der Stoff ihn zum Ausschmücken und Ausmalen der Begebenheiten fortreißt, so daß er selbst in's Lächerliche und Abgeschmackte verfällt: wie z. B. die Erzählung vom Zweikampfe des Hannibal mit Scipio und Masinissa [1]) ein gänzliches Mißverstehen der Kampfart jener Zeiten verräth. Auch erfreuet er sich, mitunter Reden einzuweben, die einer Geschichte, wie der seinigen, ganz fremd seyn sollten. Allein dergleichen kommt so selten vor, daß man fast annehmen mögte, er habe auch dieses von andern erborgt (z. B. vom Valerius Antias oder Fabius Pictor, deren Bestreben auszuschmücken und das Gemälde zu überladen hinlänglich bekannt ist, und oft genug auch von den Alten gerügt wird); und gewiß ist, daß durch diese wenigen grelleren Puncte seine Geschichte ihren Character, nämlich den einer mühseligen Compilation eines nur mittelmäßigen Geistes nicht verliert. Damit ist aber

---

1) Appian. Lib. VIII. 45. et 46.

auch ihr Werth als Quelle zugleich ausgesprochen — denn je weniger historische Kunst wir in derselben finden, je geschmackloser, ungenießbarer sie uns in Vergleich mit den übrigen großen Mustern der Geschichtschreibung erscheint, desto weniger dürfen wir voraussetzen, daß der Verfasser aus irgend einer künstlerischen Absicht irgend etwas verschönert oder entstellt, oder geändert, oder irgendwo hinzugesetzt oder weggelassen habe, sondern wir sind gezwungen, seine Nachrichten als reines Ergebniß seiner Quellen zu betrachten.

2) ist auch nicht denkbar, daß Appian aus Patriotismus der Wahrheit oder seinem besseren Wissen Gewalt angethan habe. Er war ein Africaner und lebte zu Anfang des zweiten Jahrhunderts unter den Kaisern; wie hätte er ein Vaterland haben sollen? Rom war es nicht, wo er nur Processe führte, und noch weniger Aegypten, das er als kaiserlicher Vogt [1]) verwaltete. Livius dagegen schrieb die Geschichte seines eigenen Volkes, seines Vaterlandes, und welchen Römer hätte Rom nicht begeistern müssen? Er schrieb, zwar am Grabe der Republik stehend, aber er hatte die Republik doch noch gesehen, und hatte auf der Seite der Republikaner gestanden. [2]) Er mußte besonders durch die Heroenzeit Roms, den zweiten Punischen Krieg, zu einer glänzenden Darstellung fortgerissen werden, indem weder jemals vorher, noch jemals nachher, Ereignisse geschehen sind, die von gleicher Bedeutung für Rom (denn durch den zweiten Punischen Krieg wurde Roms Weltherrschaft entschieden), noch von gleichem Umfange, noch von so mannigfaltigem Wechsel gewesen sind, und den hohen Adel dieses Volks und die Tugend seiner freien Bürger in so helles Licht gestellt haben, als dieser zweite Punische Krieg. [3]) Der erste Punische Krieg war beschränkter in seinem Umfange und Erfolge, der dritte war durch Verbrechen entweiht, auch die Macedonischen und Syrischen Kriege konnten kein reines Interesse mehr gewähren. Der zweite Punische hingegen führte aus der höchsten Noth zu dem glänzendsten Ziele, durch allgewaltige Tugend der Männer und vielleicht verdiente Gnade der Götter; er führte Männer von den seltensten Talenten auf die Wettbahn, wie wir sie in der Weltgeschichte so nicht wieder vereinigt finden; und, was für den Pompejaner Livius von der größten Bedeutung war, alle Römer, welche in diesem Kriege sich auszeichneten und entscheidend wirkten und handelten, waren Optimaten, ja Patricier, statt daß im ersten

1) Appiani Prooemium, cap. 15. fin.

2) Tacit. Annal. IV. 34.

3) Liv. XXI. 1.

Punischen Kriege uns plebejische Geschlechter Helden lieferten. Da nun überhaupt Livius
gern durch Gegensätze zu heben sucht, um dadurch den Gegenstand seiner Bewunderung in
desto höheres Licht zu stellen: so wundert man sich nicht, daß, wenn Scipio der ältere und
Ti. Sempronius, En. Servilius und C. Flaminius, L. Aemilius und C. Terentius u. s. w.
zusammen auftreten, der Plebejer immer im Hintergrunde steht, oder Ursache des Uebels
und Mißgeschickes ist, und daß auf sein Haupt alle die Schuld zusammengehäuft wird, die
durch die allgemeine Verkettung der Umstände, oder durch das Talent des Gegners, oder
durch die Macht des Verhängnisses, herbeygeführt wurde. Vorzüglich aber schien er es gar
nicht ertragen zu können, daß sein Hauptheld im zweyten Punischen Kriege mit irgend einem
Flecken behaftet seyn sollte, der die ungetheilte und höchste Bewunderung, die ihm werden
soll, nur auf die mindeste Weise stören könnte; sein Scipio der jüngere [1] hat bey seinem
ersten Auftreten schon einen so großartigen Zuschnitt erhalten, daß er, ein Götterjüngling,
dem wechselnden Loose der Sterblichen nicht unterthan scheinen darf, sondern durch sein
Winken alles ordnen, und überall siegreich walten muß. Daher denn z. B. der wunderliche
Bericht von der Schlacht bey Baecula, in Folge welcher Hasdrubal, obschon nach Livius [2]
und noch mehr nach Polybius [3] gänzlich geschlagen, und doch nicht verfolgt, über die
Pyrenäen und Alpen steigt, mit 56,000 Mann in Italien anlangt, und, si fata Deûm, si
mens non laeva fuisset, den großen Plan seines Bruders auf die glänzendste Weise zur
Vollendung gebracht hätte; von welcher Begebenheit wir den wahren Zusammenhang aber
aus dem Appian [4] besser wissen. Daher ferner die Nachricht, daß Masinissa als Flüchtling
mit wenigen Beyleitern zum Scipio gekommen sey, da er doch nach Appian und Zonaras,
verrätherischer Weise die Carthager verderbend, mit einem Heere zum Scipio übergegangen
ist; welches Factum dem Livius aber, ungeachtet er es wohl kannte [5], anstößig und für
den Ruhm seines Helden nachtheilig schien. Daher endlich (um vieles Einzelne zu über-
gehen) Hannibals Niederlage sobald nach seiner Ankunft in Africa, ungeachtet auch hier

---

1) Liv. XXII. 53. juvenis fatalis dux hujusce belli cf. et XXVI. 18. 19.

2) Liv. XXVII. 18. 19.

3) Polyb. X. 39, med.

4) Appian. VI. 28. cf. Heeren Ideen etc. II, 1. p. 222. not. 3.

5) Liv. XXIX. 33. fin.

Livius die Wahrheit, wenigstens aus dem Valerius Antias, [1]) recht wohl kannte. Dem Appian hingegen, dem Spätling und Africaner, konnte wenig daran liegen, des Scipio Ruhm auf Kosten anderer, oder der Wahrheit, zu erhöhen.

3) Je weniger aber Appian historischer Künstler und patriotischer Geschichtschreiber ist, desto bedeutender erscheint er als gewissenhafter und fleißiger Sammler. Denn dafür muß man ihn halten, da es a) gewiß ist, daß er den Polybius, und wahrscheinlich, daß er auch den Livius gekannt hat, er also, da in damaliger Zeit nicht wie heute Geldhoffnungen zum Schreiben trieben, nur hoffen durfte, in rebus certius aliquid se esse adlaturum, indem es ihm schwerlich einfallen mogte, scribendi arte rudem vetustatem zu übertreffen [2]); da ferner b) er hin und wieder die Quellen, die er benutzt hat, selbst nennt; und da c) durch Vergleichung mit anderen Schriftstellern geschlossen werden kann, daß die Nachrichten, welche von des Polybius und Livius Erzählung abweichen, auf Zeugnisse seiner Quellen sich gründen.

Daß Appian den Polybius gekannt habe, sagt er selbst [3]), und es ist zu glauben, daß er die Darstellung des dritten Punischen Krieges größtentheils aus diesem entlehnt habe. Da er also mit diesem Schriftsteller vertraut war, so muß er Gründe gehabt haben, wenn er, wie z. B. in der Geschichte des zweiten Punischen Krieges, so oft von ihm abwich. Appians Bekanntschaft mit des Livius Geschichte scheint daraus hervorzugehen, daß er, besonders in seinem Hannibalischen Kriege, nur da weitläuftig ist, wo entweder Livius etwas ausgelassen, oder nach seiner Meinung sich geirrt hat, hingegen die Vorfälle, die Livius richtig und vortrefflich beschrieben hat, ganz übergeht. — Außer dem Polybius aber beruft sich Appian in den Geschichten, die uns hier zunächst angehen, namentlich auf den Fabius Pictor [4]), den Claudius Quadrigarius [5]) und Terentius Varro [6]), und verräth in einer Stelle, wie Schweighäuser bemerkt, augenscheinlich, daß er den Coelius Antipater [7]) benutzt habe. Diese Schriftsteller hat er aber so citirt, daß er nicht etwa einen

---

1) Liv. XXX. 29. Valerius Antias, primo proelio victum eum (Han.) a Scipione, quo duodecim millia armatorum in acie sunt caesa, milla et septingenti capti, legatum cum aliis decem legatis tradit in castra ad Scipionem venisse.
2) Liv. procemium.
3) Appian. VIII. cap. 132. fin.
4) Appian. VII. 29.
5) Appian. IV. 5.
6) Appian. B. liv. IV. 47.
7) Schweighaeuser ad App. adn. Tom. III. p. 378.

Beweisgrund aus ihnen hernimmt, sondern sie nur gelegentlich nennt, und eben daraus läßt sich schließen, daß er noch viel mehrere Schriftsteller gelesen hat, welche zu nennen ihm nur die Veranlassung mangelte. Die obengenannten Annalisten sind zum Theil als Zeitgenossen und Augenzeugen des zweiten Punischen Krieges, zum Theil als Männer von anerkannter historischer Treue schon sehr wichtig; doch ist wahrscheinlich, daß Appian außer ihnen auch noch für den Punischen Krieg den Silenus Calatianus und den Lacedämonier Sosilus benutzt habe, welche beide den Hannibal auf seinen Feldzügen begleiteten, und deshalb als Zeugen von der Gegenparthey besondere Wichtigkeit für einen unpartheyischen Geschichtschreiber hatten, auch als Schriftsteller in großem Rufe standen, und, weil sie griechisch geschrieben hatten, dem Appian willkommener seyn mußten, als die älteren Römischen Quellen, die wegen ihrer rauhen, ungelenken, schwerfälligen Alterthümlichkeit ihm kaum einmal verständlich seyn mogten. Ueberhaupt war die Zeit unmittelbar nach dem zweiten Punischen Kriege das Jünglingsalter der Römischen Literatur, als durch die Scipionen vornämlich und ihre Freunde der Geist einer freyeren und feineren Bildung erregt war; und eine große Zahl gebildeterer Männer wandte sich zur Darstellung Römischer Geschichten, entweder der ganzen Geschichte vom Anbeginn der Stadt an, oder der Punischen Kriege allein; und es wurden so viele dieser Geschichten griechisch und lateinisch, in Prosa und in Versen geschrieben, daß ein späterer Geschichtschreiber hier eher über die Unzahl von Quellen sich beklagen konnte, als daß er nöthig gehabt hätte, seiner eigenen Erfindung irgendwo sich zu bedienen. — Uebrigens ist auch das Urtheil des Alterthums selbst ein, freilich indirecter, doch immer sehr wichtiger Beweis für die historische Treue Appians. Denn noch im Alterthume selbst hat Appian einen großen Namen gehabt, und ist den bedeutenderen und bedeutendsten Geschichtschreibern an die Seite gesetzt und zugleich mit ihnen genannt worden. So nennt ihn der Kirchen-Geschichtschreiber Evagrius [1]) neben dem Dionysius Halic., Polybius, Diodorus Sic., Dio Cassius und Herodianus, und bemerkt von ihm, daß er die Geschichten, welche Dionysius Hal. und Polybius nach der Reihenfolge erzählt hätten, mit vielem Verstande einzeln zerlegt, und das Zusammengehörige, wenn es auch in ganz verschiedenen Zeiten falle, zusammengestellt habe. — Ferner wird in dem Verzeichnisse der Schriftsteller, aus welchen Constantinus Porphyrogenitus durch eine Anzahl gelehrter Männer die berühmten Collectanea et excerpta historico-politica et mo-

---

1) Hist. ecclesiastica V. fin. - - - διακρινῶς διέτεμεν, ἑκάστην πρᾶξιν εἰς ἓν ἀγείρας, εἰ καὶ κατὰ διαφόρους γέγονε χρόνους.

ralia zusammentragen ließ, auch Appian unmittelbar nach dem Polybius genannt, und erscheint also wieder mit Dionysius Halic., Polybius, Diodorus und Dio Cassius in einer Reihe [1]); und eben durch diese Sammlung sind uns in den excetptis de legationibus (περὶ πρεσβειῶν, die Fulv. Ursinus und Hoeschelius herausgegeben) und in den excerptis de virtute et vitio (περὶ ἀρετῆς καὶ κακίας, welche Fabricius Peirescius und H. Valesius bekannt gemacht) mehrere Stücke sonst verloren gegangener Bücher des Appian erhalten worden. — Die größte Bedeutung aber hat des Photius Zeugniß, das er in seiner Bibliothek unter Nro. 57 von Appian ablegt. „Seine Darstellung,“ sagt er, „ist ungekünstelt und schlicht. In Betreff der Thatsachen ist er im höchsten Grade ein „Freund der Wahrheit. Für das Verständniß der Kriegsbegebenheiten in der Geschichte aber „ist er, mehr als irgend ein anderer, ein Orakel“.[2]). — Dieses Zeugniß des gelehrten Patriarchen, des ersten Mannes seiner Zeit, der im Besitze der mannigfaltigsten Kenntnisse wie der zahlreichsten Büchersammlung war, und dessen Bibliotheca, die eine Aufzählung und Beurtheilung von 279. ἀνεγνωσμένων ἡμῖν βιβλίων (Büchern, die er durchstudirt hatte) ist, vom großen Joh. Albert. Fabricius [3]) insignis thesaurus, non liber genannt wird, sollte denn doch wohl von einigem Belange seyn, wenigstens doch wohl soviel gelten, als das Urtheil eines oder des anderen Neuern, zumal da Photius zu einer Zeit lebte, wo die Werke anderer, dieselben Gegenstände behandelnder Schriftsteller noch vorhanden waren, ihm also eine Vergleichung noch möglich war, die in unsern Tagen bey dem Verluste jener Schriftsteller uns versagt ist.

Auch können wir durch Vergleichung des Appian mit anderen Schriftstellern uns überzeugen, daß er die Nachrichten, die von der Vulgata des Livius abweichen, nicht aus der Luft gegriffen, wie man ihm vorwirft, sondern aus bestimmten Quellen geschöpft hat, und wir wollen hierbey auf den Julius Frontinus, Cornelius Nepos und Joh. Zonaras zunächst verweisen.

Jul. Frontinus stimmt in seinen Strategematicon libris quatuor an mehreren Stellen mit Appian völlig überein, und zwar in Dingen, über welche Appian unge-

---

1) Joh. Alb. Fabricii bibliotheca graeca. (Hamb. 1708) Tom. VI. p. 490.

2) Ἔστι δὲ τὴν φράσιν ἀπέριττος καὶ ἰσχυός · τὴν δὲ ἱστορίαν, ὡς οἷον τ' ἔστι, Φιλαλήθης · καὶ στρατηγικῶν δια τῆς ἱστορίας μεθόδων, εἴ τις ἄλλος, ὑποφήτης.“

5) Joh. Alb. Fabric. bibl. gr. Tom. IX. p. 374.

wöhnliche Nachrichten giebt. Z. B. Strat. I. 8. 10. lesen wir bey Frontin: Scipio Africanus ad excipienda auxilia cum commeatibus, Hannibali venientia, M. Thermum dimisit, ipse subventurus. — Bey Appianus VIII. 36. — — ἕως αἰσθόμενος ὁ Σκιπίων Ἁννίβαν ἰσχυρῶς τε ἀπορούμενον καὶ περιμένοντα ἀγορὰν φερομένην, νυκτὸς ἔπεμψε Θέρμον χιλιαρχον ἐπὶ τοὺς ἄγοντας αὐτήν. Καὶ λόφον ὁ Θέρμος ἐν στενῇ διόδῳ καταλαβὼν, ἔκτεινε τῶν Λιβύων ἐς τετράκις χιλίους καὶ ἐζώγρησεν ἑτέρους τοσούσδε. Καὶ τὴν ἀγορὰν ἧκε φέρων τῷ Σκιπίωνι. (donec Scipio edoctus, Hannibalem vehementer laborare annonae inopia, et frumentatores venturos exspectare, noctu contra eos misit Thermum tribunum; qui occupato tumulo circa angustum transitum, occidit Afrorum quatuor millia, et vivos cepit totidem; commeatum vero ad Scipionem detulit). Diesen für die Geschichte des Krieges in Africa höchst wichtigen Vorfall erwähnt, außer dem Frontin und Appian, nur noch Zonaras. — Fast wörtlich gleichlautend erzählen Frontin und Appian die Niederlage des Cn. Fulvius Flaccus bey Herdonia, und weichen eben darin von Livius ab, daß sie beyde gerade den entscheidenden Umstand erwähnen, den Livius übergeht, nämlich daß es dem Hannibal, der bey Nacht herangerückt war, durch Begünstigung eines Uebels bey Tagesanbruch gelang, mit der Hauptmacht dem Proconsul in den Rücken zu kommen, und so dem nicht unbeträchtlichen Heere der Römer eine so entscheidende Niederlage beyzubringen ¹). — Auffallend ist es ferner, daß Frontin ²) den jungen Tarentiner, der die Stadt an den Hannibal verrieth, Cononeus (in den Mss. steht Cononeus) nennt, welchen Namen er auch bey Appian ³) führt; auch erwähnen beyde nur Eines Rädelsführers, statt daß Polybius und Livius deren zwey haben, den Nico und Philemenus. Hier hat schon Oudendorp in einer not. ad loc. cit. die Uebereinstimmung zwischen Frontin und Appian bemerkt, und die Vermuthung geäußert, daß beyde nothwendig entweder aus einer und derselben, uns aber verloren gegangenen, Quelle geschöpft, oder vielleicht an dieser Stelle einen und denselben Codex, in welchem vielleicht der Name des Tarentiners fehlerhaft geschrieben war, gebraucht haben müssen. — Für den Krieg in Africa ist auch noch die Stelle, Frontin. III. 6. 1., sehr wichtig, welche, wenn sie freylich auch nicht unmittelbar mit Appian übereinstimmt, doch leicht mit ihm in Ueberstimmung zu setzen ist, zumal da Zonaras, der im Uebrigen mit Appian ganz gleichlautend ist, dieses

1) Frontin. Strat. II. 5. 21. — Appian. VII. 48. — Liv. XXVII. 1.
2) Strat. III. 3. 6.
3) Appian. VII. 32. — Liv. XXV. 8. — Polyb. VIII. 26.

Factum auch erzählt. — Aus den angeführten Stellen aber geht hervor, daß Appian und Frontin dieselben, wenn gleich jetzt nicht mehr bekannten, Quellen benutzt haben, wodurch beyder Glaubwürdigkeit, die früher immer angefochten war, nicht wenig unterstützt wird. Denn daß Frontin den Appian ausgeschrieben habe, ist unmöglich, weil Appian ein halbes Jahrhundert später lebte und schrieb; und eben so wenig wäre zu glauben, daß Appian, dem ja reichlichere Quellen flossen, aus einem Cento, wie Frontin's Kriegslisten sind, für seine Geschichte geschöpft habe.

Cornelius Nepos stimmt dadurch auf eine wichtige Weise mit Appian zusammen, daß er, wie jener, und zwar sie allein, die Entfernung des Schlachtfeldes bey Zama von Abrumetum angeben; und weil dieses auch noch in anderer Rücksicht wichtig ist, so möge dem Nepos hier die Ehre angethan werden, daß auch seiner Erwähnung geschehe. Nepos erzählt (Hannib. 6.): Apud Zamam Hannibal cum Scipione conflixit; pulsus (incredibile dictu) biduo et duabus noctibus Adrumetum pervenit, quod abest a Zama circiter millia passuum trecenta. — Appian sagt von Hannibals Flucht: σταδίους δ' ἀνύσας ἐς τρισχιλίους, δύο νυξί τε καὶ ἡμέρας, ἧκεν ἐς πόλιν ἐπὶ θαλάσσης Ἀδρυμητὸν, ἔνθα τι μέρος ἦν αὐτῷ στρατιᾶς σιτοφυλακῶν. (emensus intra biduum duasque noctes ad tria stadiorum millia, Adrumetum venit, urbem maritimam, ubi partem quamdam copiarum habebat ad frumenti custodiam [1]). — Obgleich nun die hier angegebene Entfernung von 60 und mehr deutschen Meilen wohl nicht so ganz genau genommen werden darf, indem eine Flucht bey so vielen Umwegen, welche die Bedrängniß des Augenblicks gebietet, wohl schwerlich die geradeste Richtung immer behauptet: so ist aus der einstimmigen Angabe beyder (nur daß Appian hier 10 Stadien auf die Röm. Meile rechnet, statt 8, wie er sollte,) doch so viel deutlich, daß das Schlachtfeld, auf welchem das Loos Carthago's entschieden wurde, unmöglich, wie bisher, in der Nähe des bekannten Zama Regia, dessen Sallustius und Cäsar erwähnen, und das am Flusse Muthul, nur etwa 12 deutsche Meilen von Abrumetum entfernt lag, zu suchen sey, sondern an einem ganz andern Orte, und nicht im Süden Carthago's, sondern im Westen gegen Cirta hin. Freilich scheint Polybius dieser Annahme bestimmt zu widersprechen, indem auch er, wie Livius, (jedoch ohne die magna itinera des Livius) den Hannibal von Abrumetum aufbrechen läßt, um nach Zama zu marschiren [2]),

---

1) Appian. VIII. 47.
2) Polyb. XV. 5.

so daß man fast glauben mögte, er habe sich unter dem Zama der Schlacht das Zama regia gedacht. Allein der Beysatz: πόλις, ἀπέχουσα Καρχηδόνος ὡς πρὸς τὰς δύσεις ὁδὸν ἡμερῶν πέντε, giebt nicht nur dem Orte Zama eine andere Lage gegen Westen von Carthago hin, statt daß Zama regia südlich von Carthago liegt, sondern er läßt auch leicht die Annahme zu, daß unter diesem Adrumetum nicht die am Meer gelegene berühmte alte Handelsstadt, sondern eine andere gleiches oder ähnliches Namens im Innern des Landes zu verstehen sey, und daß überhaupt Polybius, um diese Verwechselung zu verhüten, den obigen Zusatz gemacht habe. Ohne diese Annahme ist alles in diesen Kriegsbewegungen unverständlich. Denn ungeachtet Zama regia am Flusse Muthul liegt, so zieht doch Scipio von dort weg, und schlägt bey Margaron sein Lager auf, der Bequemlichkeit des Wasserholens wegen. In den Ausgaben des Polybius ist dieses Margaron, das in den Handschriften steht, sonst aber nicht genannt wird, nach dem Livius in Naragara corrigirt, eine Verbesserung, für welche, außer daß Livius diesen Namen hat, wohl schwerlich ein Grund sich finden mögte. Denn wenn gleich Naragara am Bagrados liegt, dessen Wassermenge das Wasserholen einigermaßen begünstigen konnte: so ist doch dieses Naragara von Zama eben so weit entfernt, als Zama von Adrumetum, so daß die bey Naragara gelieferte Schlacht wohl mit wenigem Rechte ihre Benennung von dem 12 Meilen entfernten Zama erhalten hätte; auch ist nicht zu denken, daß Scipio, wenn er von Carthago kam, sich soweit seitwärts in das Innere des Landes hätte ziehen sollen. Gleichfalls mögte man sich wundern, daß Hannibal, wenn er Carthago zu Hülfe eilen wollte, in dessen Nähe nach Polybius und Livius [1]) Scipio alles verwüstete und die Städte bezwang, seinen Weg von Adrumetum über Zama regia nahm, oder gar über ein anderes Zama, das von Carthago 5 Tagereisen westlich lag; oder wenn unser Zama wirklich Zama regia ist, wie kam Hannibal nach Naragara, da er, wenn er vom Scipio gedrängt wurde, sich doch wohl eher wieder auf Adrumetum zurückgezogen haben würde, wo er seine Vorräthe und zur Beschützung derselben einen Theil seines Heeres hatte, und wohin er auch nach der Schlacht wieder zurückfloh? Darum ist wahrscheinlicher, daß Margaron, wo es auch liegen mag, die rechte Lesart beym Polybius ist, und daß Livius, dem vielleicht dieser Name unbekannt und der von Naragara geläufiger war, diesen dafür schrieb. Da nun aber die von Appian genannten Städte Parthus und Cilla bey den späteren Geographen und Verfassern der Itinerarien nicht mehr aufgeführt werden, auch überhaupt wohl manche Städte der Numidier im Innern des Landes theils keine bleibende Stelle haben mogten, nach der

---

1) Polyb. XV. 5. Liv. XXX. 29.

Natur eines wandernden Volkes, (Numidier, griechisch Νομάδες) theils auch bey den Ein-
wohnern ganz anders genannt wurden, als von den Carthagern und später von den Römern: so ist hier wohl nichts näher zu bestimmen, und wir müssen bey der Annahme bleiben, daß Abrumetum eine Stadt sey im Innern Numidiens, in deren Nähe
Hannibal während des durch Masinissa vermittelten Waffenstillstandes [1]) gestanden haben
mogte, und daß Zama, wo die Schlacht vorfiel (denn ein Zama muß doch in der Nähe
gelegen haben, weil im ganzen Alterthum die Schlacht so genannt wird) eins sey mit der
Stadt Azama, welche Ptolomäus [2]) nennt, und westlich von Carthago in die Nähe von
Cirta setzt [3]). Dadurch wäre dann erklärlich, wie Hannibal vom Schlachtfelde aus 60 oder
noch mehr deutsche Meilen bis nach Abrumetum (bey welchem Appian ausdrücklich bemerkt,
daß es Abrumetum ἐπὶ θαλάσσης [ad mare situm] sey) habe machen können. —

Von der größten Wichtigkeit aber für diese Geschichten ist die Vergleichung des
Appian mit dem Joh. Zonaras, einem noch immer nicht genug beachteten, Schriftsteller
und Gewährsmann in historischen Dingen, besonders in der Römischen Geschichte. Zwar
hat Niebuhr vielfältig auf ihn aufmerksam gemacht, aber das scheint man vergessen zu
haben, indem noch immer keine, einem jeden zugängliche Ausgabe der Annalen des Zonaras
vorhanden ist, die um so mehr zu wünschen wäre, da dieser Autor aus den Buchläden
verschwunden ist, und selbst auf größeren Bibliotheken oft vergebens gesucht wird. [4])

Joh. Zonaras ist zwar ein Schriftsteller aus ganz später Zeit, aus dem Ende des
11ten Jahrhunderts, und aus einem Volke, dessen Geschichte nur Verwirrung und Verwü-
stung, nur Verfall und Untergang berichtet, das geistig und moralisch versunken war,
wie wohl kein Volk je vorher oder nachher, so daß also auch vom Zonaras kein Kunstwerk
zu erwarten ist, noch viel weniger eine Weltgeschichte nach den Begriffen und Forde-

---

1) Appian. VIII. 37.

2) Ptolomaei Geogr. IV. 3.

3) Ptolomaeus setzt freilich dieses Azama 8 Grade westlich von Carthago, und giebt ihm damit eine
Entfernung von wenigstens 15 Tagereisen. Doch ist diese Angabe nicht allzugenau zu nehmen,
denn sonst könnte Azama gar nicht mehr in Numidia propria, das westlich durch den Ampsagas
begrenzt wurde, liegen.

4) Wenigstens sollten denn doch ehestens die Bücher, welche die Römische Geschichte bis auf
Constantin d. G. enthalten, Lib. VII. bis XII. incl., lesbar abgedruckt werden, weil dadurch
das Studium der Römischen Geschichte und Römischen Classiker auf eine bedeutende und der
Wissenschaft ersprießliche Weise erleichtert werden würde.

tungen unsers Jahrhunderts; dennoch aber kann dieses, wenn wir gerade nicht Genuß, sondern nur Belehrung und genaueres Verständniß des Zusammenhanges der Begebenheiten suchen, einem Schriftsteller seinen Werth nicht nehmen, der nur dieses verspricht, und, wie er sich selbst erklärt, für jenes andere selbst eben so wenig Sinn hat, als seine Freunde, die ihn zur Abfassung seiner Geschichte aufgefordert hatten. Diesem entgeisteten Zeitalter war Herodotus mit seinen Mährchen ein Spott, Thucydides mit seinen inhaltschweren Reden, und Xenophon als gelehrter Tactiker und Stratege, lästig, Polybius, Appianus, Dio Cassius mit ihren doch nur heidnischen Betrachtungen und Bemerkungen verdächtig [1]), und es verschmähete einen Reichthum, für dessen Würdigung und Werthschätzung es kein Herz und keinen Sinn mehr hatte. Daher wurden Uebersichten gewünscht, die auf kürzerem Wege und ohne Aufenthalt die Thatsachen, und nichts weiter, überlieferten, und so bey gleichem Inhalte die Anschaffung jener weitläufigen bänderreichen und kostbaren Werke ersparten, auch mit weniger Zeitaufwand zu lesen wären. Daher beschloß Johannes Zonaras, nachdem er des Hofes zu Constantinopel, an welchem er eine der ersten Stellen bekleidet hatte, müde, in die Einsamkeit eines Klosters sich zurückgezogen hatte, auf Rath und Betrieb vieler Freunde die Abfassung einer solchen Geschichte, welche von Anbeginn der Welt bis auf seine Zeit das Merkwürdigste aus dem Leben der wichtigsten Völker enthielte, und in einem Werke von mäßigem Umfange 5 Jahrtausende der Welt beschlösse. Wenn nun die Begriffe jener Zeit von der Geschichte nicht von der Art waren, daß man etwas Vorzügliches von des Zonaras Arbeit erwarten dürfte: so waren es die Veranlassung und die Umstände, unter welchen er dieselbe unternahm, noch weniger. Der Verfasser begann sein Werk ohne Vorbereitung, des Lebens müde, ohne inneren Beruf zum Schreiben, und zumeist nur, um die Langeweile seiner Einsamkeit, und die in der Einsamkeit so leicht aufkeimenden bösen Gedanken und Gelüste zu entfernen; endlich auf einer einsamen Insel, in einem Kloster, das keine Bibliothek besaß, also auch von Hülfsmitteln in so fern entblößt, als er nur dasjenige zu benutzen im Stande war, was seine Freunde ihm angeschafft hatten; welcher letztere Umstand sogar Schuld ist, daß die Geschichte von fast 60 Jahren gänzlich in ihm fehlt, indem er für den Zeitraum von der Zerstörung Carthago's bis auf den Anfang der Bürgerkriege keine brauchbare Quellen hatte auftreiben können [2]). Auf der andern Seite bekommt aber Zonaras eben dadurch wieder um so höhern Werth, daß er sich auf

---

1) Zonarae Annales. prooemium 1.

2) Zonarae Annal. IX. fin.

Verarbeitung seines Stoffes und auf Darstellung gar nicht einläßt, sondern sich begnügt, die Werke, welche ihm zur Benutzung offen standen, abzukürzen und soweit, als es sein Zweck ihm erlaubte, wörtlich auszuschreiben, so daß wir eigentlich ihn selbst nicht lesen, sondern die Werke, welche er excerpirt und epitomirt hat. Aus übergroßer Bescheidenheit will er sich sogar nicht einmal ein besonderes Verdienst von seiner Arbeit anmaßen, sondern entschuldigt sich vielmehr wegen der Ungleichheit seines Styles, indem dieselbe aus der wörtlichen Benutzung so vieler und verschiedenartiger Schriftsteller so verschiedener Zeitalter nothwendig hätte hervorgehen müssen.

Zuvörderst aber kommt es darauf an, auszumitteln, welches denn die Quellen gewesen sind, welche Zonaras für seine Geschichte benutzt hat, weil von der Gültigkeit der Quellen seine eigene Glaubwürdigkeit abhängt. Leider jedoch ist diese Untersuchung, so wichtig sie auch ist, noch von keinem Gelehrten zur Genüge angestellt worden, indem auch die beyden einzigen Herausgeber, die des Zonaras Geschichte gefunden hat, Hier. Wolf und Du Cange, dieselbe von der Hand weisen und umgehen. Wir wollen hier nur vorläufig folgende wenige Bemerkungen anfügen.

Was die Römische Geschichte anlangt, so nennt zwar Zonaras den Dio Cassius [1] Polybius und Appianus [3], und beruft sich auf sie; aber seine Geschichte hat er schwerlich aus ihnen geschöpft. Zwar hat Niebuhr die Meinung geäußert, daß Zonaras hauptsächlich und zunächst dem Dio gefolgt sey, was auch schon von früheren, dem Heinr. Valesius, Sylburg, Ursinus ꝛc. behauptet worden ist; nach andern soll er, besonders in der früheren römischen Geschichte, sich wörtlich an Plutarch, nachher an Appian, gehalten haben; allein dieser Ansicht widerspricht ausdrücklich die oben angeführte Stelle zu Ende des 9ten Buchs, wo der Verfasser sich wegen der Lücke in seiner Geschichte von 60 Jahren damit entschuldigt, daß es ihm hier an Quellen gefehlt habe, und daß er nirgends dergleichen habe auftreiben können. Schrieb er aber sonst den Dio und Appian aus, warum nicht auch hier? und es wäre doch eine gar seltsame Annahme, daß gerade für diesen Zeitraum sein Exemplar von beiden Schriftstellern verstümmelt gewesen wäre? — Die βίβλοι τῶν πάλαι ταῦτα ἱστορησάντων ἀρχαίων ἀνδρῶν waren also sicher etwas anders, als die Geschichten Appians und Dio's, und wahrscheinlich eben die Quellen, denen Dio und Appian, und vielleicht auch Plutarch, ihren Stoff und zum Theil ihre Darstellung

---

1) Zonar. Ann. XII. 2.

2) — — XXX. III 7.

3) — — XI. 13.

verdankten. Dieses ergiebt sich ebenfalls aus genauerer Prüfung der Erzählung des Zona-
tas selbst. Denn an vielen Stellen stimmt er zwar fast wörtlich mit den genannten Schriftstellern, auch mit Livius (und dann abweichend von Appian) überein; aber es kommen auch
geringe Verschiedenheiten vor, er erwähnt Nebenumstände, macht einzelne Zusätze, die bald
wichtiger, bald unwichtiger sind, so daß man entweder annehmen muß, Zonaras habe dergleichen ex propriis hinzugesetzt, oder er habe andere Werke, als die des Appian und
Dio, ausgeschrieben. Das erstere aber ist nicht glaublich, da die Nebenumstände und einzelnen Züge, die wir hin und wieder bey ihm finden, durchaus das Gepräge der Echtheit
an sich tragen, auch zum Theil auf das beste documentirt werden, wie z. B. die Sonnen-
finsterniß während der Schlacht bey Zama. Darum müssen wir uns zur zweyten Annahme
verstehen; jedoch können des Zonaras Quellen bey seiner offenbaren und selbst wörtlichen
Uebereinstimmung mit Dio, Appian, Livius und Plutarch keine andere seyn, als die, welche
auch jene bearbeitet haben, und in ihm haben wir also größtentheils die echten Materialien,
welche jene ihren ausgeführteren Darstellungen zum Grunde gelegt haben.

Was nun den Schluß des zweyten Punischen Krieges, von dem wir jetzt handeln, betrifft: so erzählt Zonaras, nur in einzelnen Kleinigkeiten abweichend, bis auf einige Nebenumstände, die er noch anführt, die Hauptsachen gerade so wie Appian; und dieses ist um
so wichtiger, als Zonaras in der übrigen Geschichte dieses Krieges gewöhnlich mit dem
Livius übereinstimmt. Er muß also von des Livius Bearbeitung des Krieges in Africa dieselbe Ansicht gehabt haben, wie Appian. Nach ihm geht, gerade wie bey Appian, Masinissa, wegen der Sophonisbe auf die Carthager erbittert, erst in dem Treffen bey Salera
(Thurm des Agathocles) verrätherisch zum Scipio über, und seine Mutter wird gegen Has-
drubals gefangenen Sohn Hanno ausgewechselt. Nach ihm findet gleichfalls keine Schlacht
in campis magnis bey Utica statt, die allerdings (ungeachtet auch Polybius ihrer erwähnt)
so wenige Tage nach der Verbrennung der Läger und der Niedermetzelung von 50,000 Carthagern und Numidiern viele Unwahrscheinlichkeit hat. Er läßt gleichfalls den Hasdrubal
nach der Verbrennung der Läger von den Carthagern zur Verantwortung gezogen und zum
Tode verdammt werden (was in Carthago so gewöhnlich war), läßt ihn jedoch, während
Hanno zum Oberfeldherr ernannt wird, auf eigene Rechnung mit einer bedeutenden Schaar
Partheygänger den Krieg gegen Scipio fortsetzen, und ihn endlich, nachdem er auf Verlan-
gen des Hannibal restituirt worden, das tragische Ende nehmen, das Appian ausführlicher
erzählt. Hin und wieder ergänzt er auch den Appian; so hat er z. B. die wichtige Notiz,
daß am Tage nach der Verbrennung der Läger eine Schaar Hispanischer Söldner ange-

langt, auf die Römer gestoßen, und nach einer verzweifelten Gegenwehr niedergehauen wäre;
denn aus diesem Ereignisse ist höchst wahrscheinlich die Schlacht in campis magnis bey
Livius und Polybius entstanden. — Auch die Ereignisse, welche zwischen Hannibals Landung
und der Schlacht bey Zama liegen, erzählt Zonaras größtentheils wie Appian, und stimmt
an einer Stelle auch merkwürdiger Weise mit Frontin zusammen, der dort durch eine aus-
führlichere Erzählung den kürzeren Bericht des Zonaras erläutert.

~~~~~~~~~~~~~~~~

Aus den vorstehenden Untersuchungen über Appians Autorität, die ungeachtet sie
nur das Allgemeinste berührten, doch fast schon die Grenzen des Gleichmaßes überschritten
haben, wird hoffentlich das hervorgehen, daß kein Grund vorhanden ist, ihm sein Zutrauen
und seinen Glauben zu entziehen, daß vielmehr Grund genug ist, wo es auf die Ausmittelung der Wahrheit ankommt, ihn auf eine gleiche Stufe mit Livius, Polybius, Dio Cassius rc. zu setzen; ja daß es offenbar Blindheit und Verschmähung alles gültigen Zeugnisses
seyn würde, wenn man eine Lücke, die Livius gelassen hat, und die sich im Polybius wohl
nur durch die Schuld seiner Epitomatoren findet, aus dem Appian nicht ausfüllen wollte. —
Wir wollen daher zum Schlusse die Geschichte des Zeitraums vom Herbste 551 bis zum
Winter 552 nach den Nachrichten, die wir bey Livius, Appian, Frontin und Zonaras finden,
zusammenzustellen versuchen; denn wenn gleich auch die Geschichte des vorhergehenden Jahres einer genaueren Critik bedarf, so würde diese hier doch zu weit führen, und es ist in
dem Vorstehenden auch schon auf mehrere Puncte, z. B. Masinissa's Uebergang und Verrath, die Schlacht in campis magnis, und die Verdammung Hasdrubal's, aufmerksam gemacht worden. —

Uebersicht der Ereignisse des letzten Jahres des zweyten Punischen Krieges. A. U. 551—552.

Spätsommer oder Herbst 551.

Hannibal, von Carthago aus gezwungen, Italien aufzugeben, segelte fast gleichzei-
tig mit seinem Bruder Mago nach Africa zurück. Nachdem er, ohne Hinderniß zu finden,
(denn der Sturm, den Silius malt, ist wohl nur poetische Ausschmückung) in Adrumetum
(oder Leptis) gelandet war, bemühete er sich vor allem, Vorräthe zu sammeln und Pferde

anzuschaffen, welche er theils kaufte, theils von Numidischen Dynasten, mit welchen er Verbindungen anknüpfte, erhielt. 4000 Reiter, welche von Masinissa's Heer zu ihm übergingen, ließ er, weil sie ihm verdächtig waren, niederhauen, und machte durch ihre Pferde seine Reiter wieder beritten, die ihre Pferde in Italien entweder verloren oder zurückgelassen hatten. (Appian.) So hatte Hannibal bald wieder ein ansehnliches und wohlgerüstetes Heer, und den Carthagern kehrte Muth und Zuversicht zurück. Das Volk wünschte Fortsetzung des Kriegs, und plünderte, ungeachtet noch Waffenstillstand war, die Römische Proviant-Flotte, welche im Angesichte Carthago's bey der Insel Aegimurus gescheitert war. Auch die Röm. Gesandten, welche, um Genugthuung zu fordern, gekommen waren, erhielten schnöde Antwort, und wären tückischer Weise erschlagen worden, wenn nicht ein plötzlich auffommender Wind ihr Schiff vor den Verfolgern gerettet hätte. (Zonaras). Diesen Frevel vergalt Scipio nicht durch gleiches, vielmehr sandte er die Carthagischen Bothschafter, die von Rom zurückgekehrt waren, ungekränkt nach Carthago zurück; die Friedenshoffnung aber war dahin, und der Krieg, den Carthago wollte, ward erneuert. Carthago rüstete mit Macht. Hannibal ward herbeygerufen, und ihm auch noch das Kriegsheer, das nach Hasdrubal's Verdammung Hanno angeführt hatte, übergeben. Neue Aushebungen wurden veranstaltet, und, um Söldner zu werben, Mago nach Ligurien zurückgesandt (Zonaras). Auch überredete Hannibal die Carthager, das Verdammungsurtheil des Hasdrubal zu widerrufen; dieß geschah, und auch Hasdrubal's Freyschaar verband sich mit Hannibals Heer. [1] So hatte Hannibal bald eine große Macht vereinigt, und stand drohend dem Scipio gegenüber, welcher in seinem Lager bey Tunis seine Macht versammelt hielt. Hier das Römische Heer anzugreifen, mogte er mit seinen zum Theil ganz ungeübten, zum Theil noch an ihn nicht gewöhnten, Kriegern wohl nicht wagen. Damit diese den Krieg erst lernten, und um dem Scipio seinen mächtigen Bundesgenossen, den Masinissa, zu entziehen, beschloß Hannibal, zuerst einen Zug gegen Numidien zu unternehmen, und wandte, wie es scheint, den Winter dieses Jahres 551 und den Anfang des folgenden Jahres auf diese Unternehmung. Masinissa verließ, um sein Reich zu schützen, das Römische Heer, und Scipio, der seine Macht nicht trennen durfte, wenn er Carthago beobachten und seine Vorräthe schützen wollte,

---

[1] Der unglückliche Hasdrubal konnte aber das Vertrauen seiner Mitbürger nicht wieder gewinnen. Eine Zeitlang hielt er sich zu Carthago im Verborgenen auf; da entbrannte aufs Neue die Volkswuth gegen ihn, und er mußte sich in das Grabmahl seines Vaters flüchten. Aber auch hier nicht sicher, und eines solchen Lebens überdrüssig, gab er sich den Tod durch Gift. (Appian, Zonaras.)

durfte sich vom Meere nicht entfernen, und brachte unthätig den Winter in seinem Lager hin. — Hannibal hingegen schlug den Masinissa auf's Haupt (Zonaras), und eroberte theils mit Gewalt, theils durch Uebergabe, theils durch Verrath, die meisten Städte Numidiens. Mit den Dynasten Numidiens schloß er Verbindungen, so mit Mezetulus (Appian), Ty=chaeus (Polyb.), Vermina (Livius und Zonaras), indem er sie erinnerte, daß ein Bund mit Carthago ihnen nur Gewinn, mit Rom nur Untergang bringen könnte. Durch die Eroberung Numidiens schien Hannibal übermächtig geworden; Masinissa hatte für seinen Verrath den verdienten Lohn.

Frühjahr 552.

In Rom war alles in Sorge um Scipio, und der neue Consul Ti. Claudius Nero, dem Africa als Provinz zugefallen war, erhielt Befehl, Flotte und Heer zu rüsten, um mit Scipio gemeinsam den Krieg gegen Hannibal zu führen. Auf diese Nachricht, und um allein die Früchte seiner Anstrengungen und Siege zu erndten, wagte es Scipio, aufzubre=chen, und den Hannibal in Numidien aufzusuchen. Aber Hannibal stellte sich nicht zum Kampfe. Um den Scipio zu ermüden und in dem öden Lande aufzureiben, legte er sein Heer in die befestigten Oerter, und Scipio verlor viele Zeit nutzlos mit Belagerung der=selben. Da ersann Scipio eine List. Er zog sich, als wenn er am Gelingen seiner Unter=nehmung verzweifelte, schleunigst zurück, und so übereilt, daß sein Rückzug einer Flucht ähnlich sah. Hannibal, getäuscht, zog schnell seine Kriegsvölker aus den Städten heraus, um den Scipio zu verfolgen und zu verderben; und da das Fußvolk säumte, ließ er es bald stehen, und verfolgte blos mit der Reiterey. Aber die unvertheidigten Städte eroberte bald Masinissa wieder, der mit einer Schaar in Numidien geblieben war, und gegen den ungestüm folgenden Hannibal wandte Scipio sich um, schlug ihn bey Zama in einem Rei=tergefechte, trieb ihn, der von keinem Fußvolke unterstützt war, in den folgenden Tagen noch mehr in die Enge, und nahm ihm durch den Tribunen M. Thermus einen bedeu=tenden Transport von Lebensmitteln und Kriegsbedürfnissen weg, wobey 4000 Carthager getödtet und fast eben so viele gefangen wurden. (Frontin, Zonaras, Appian.)

Durch diese Niederlagen und Verlüste gerieth Hannibal in große Bedrängniß; und da seine Rettung nur möglich war, wenn er Zeit gewann, so suchte er Friedensunter=handlungen mit Scipio anzuknüpfen. Er wandte sich deshalb an Masinissa, und erinnerte ihn an die Verdienste der Carthager um ihn, und daß er Carthago seine Erziehung und Bildung verdanke; wodurch er ihn auch bewog, beym Scipio für den Frieden zu reden.